Impressum
Verlag: BABADADA GmbH, Nedderfeld 112 , 22529 Hamburg
Geschäftsführer / Verlagsleitung: Harald Hof
Druck: Books on Demand GmbH, In de Tarpen 42, 22848 Norderstedt

Imprint
Publisher: BABADADA GmbH, Nedderfeld 112 , 22529 Hamburg, Germany
Managing Director / Publishing direction: Harald Hof
Print: Books on Demand GmbH, In de Tarpen 42, 22848 Norderstedt

koulu
lekol

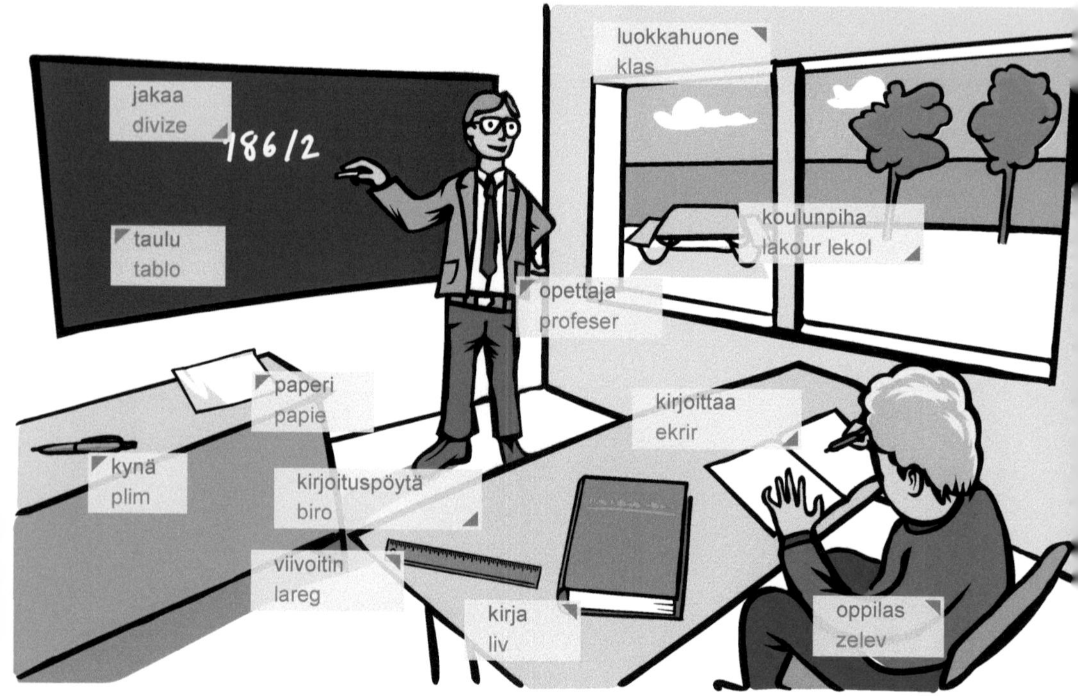

luokkahuone
klas
jakaa
divize
186/2
taulu
tablo
koulunpiha
lakour lekol
opettaja
profeser
paperi
papie
kirjoittaa
ekrir
kynä
plim
kirjoituspöytä
biro
viivoitin
lareg
kirja
liv
oppilas
zelev

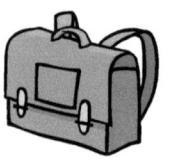

reppu

sak lekol

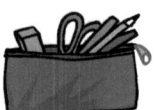

penaali

plimie

lyijykynä

kreyon

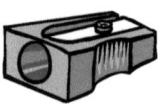

kynänteroitin

egizwar

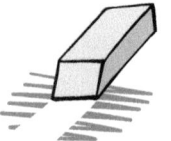

pyyhekumi

gom

piirustuslehtiö

kaye desin

piirustus
desin

pensseli
pinso

vesivärit
bwat lapintir

sakset
sizo

liima
lakol

harjoituskirja
kaye devwar

kotitehtävä
devwar

luku
nimero

lisätä
azoute

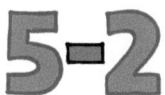

vähentää
retire

kertoa
miltipliye

laskea
kalkile

kirjain
let

aakkoset
alfabet

hello

sana
mo

teksti

text

lukea

lir

liitu

lakre

oppitunti

leson

opettajan muistikirja

rezis

koe

lexame

todistus

sertifika

koulupuku

iniform lekol

koulutus

ledikasion

sanakirja

lansiklopedi

yliopisto

liniversite

mikroskooppi

mikroskop

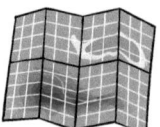

kartta

map

roskakori

poubel

matka
vwayaz

hotelli
lotel
Grand
retkeilymaja
loberz
ROOMS
rahanvaihto
biro sanz
matkalaukku
valiz
auto
loto

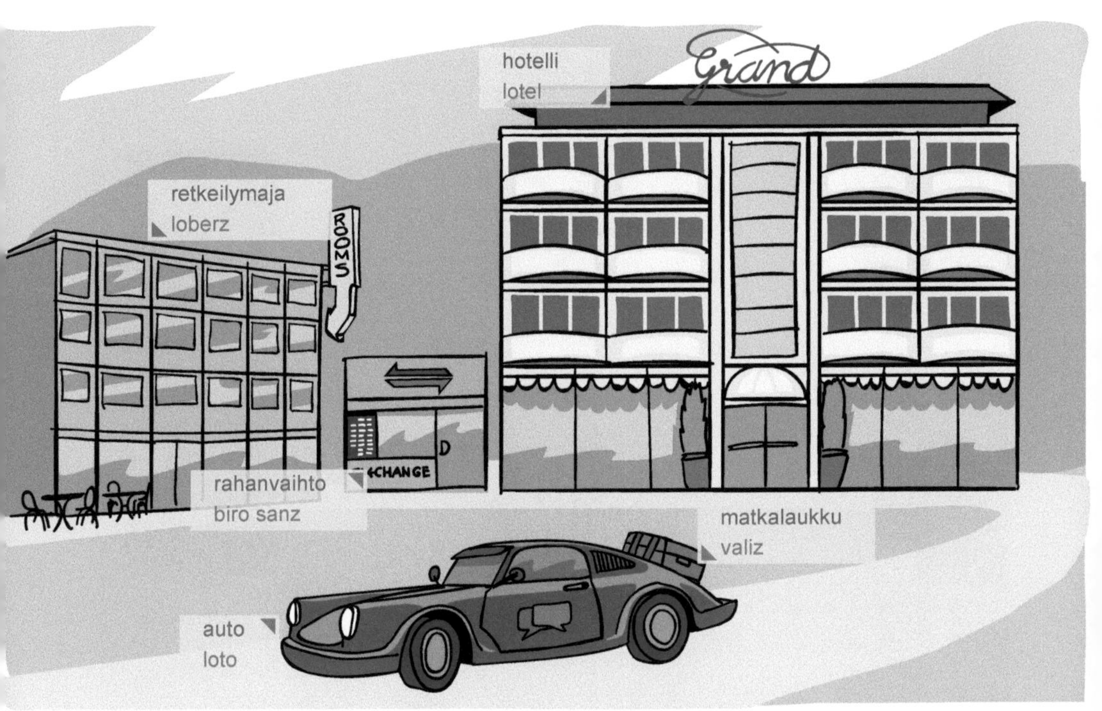

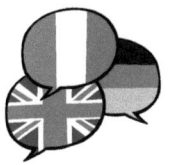

kieli

langaz

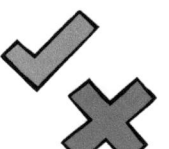

kyllä / ei

wi / non

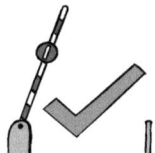

selvä

okay

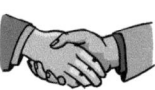

hei

Alo

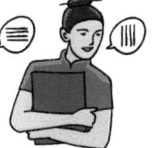

tulkki

tradikter

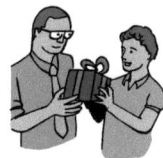

kiitos

Mersi

Paljonko...maksaa?

komie sa..?

en ymmärrä

Mo pa pe konpran

ongelma

problem

Hyvää iltaa!

Bonswar!

Hyvää huomenta!

Bonzour!

Hyvää yötä!

Bonn nwi!

näkemiin

o-revwar

suunta

direksion

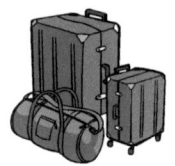

matkatavarat

bagaz

laukku

sak

reppu

sak-a-do

vieras

ot

huone

pies

makuupussi

sak kousaz

teltta

latant

turisti-info

lofis tourism

ranta

laplaz

luottokortti

kart kredi

aamupala

ti-dezene

lounas

dezene

päivällinen

dine

matkalippu

biye

hissi

lasanser

postimerkki

tem

raja

frontier

tulli

ladwann

suurlähetystö

lanbasad

viisumi

viza

passi

paspor

kuljetus
transpor

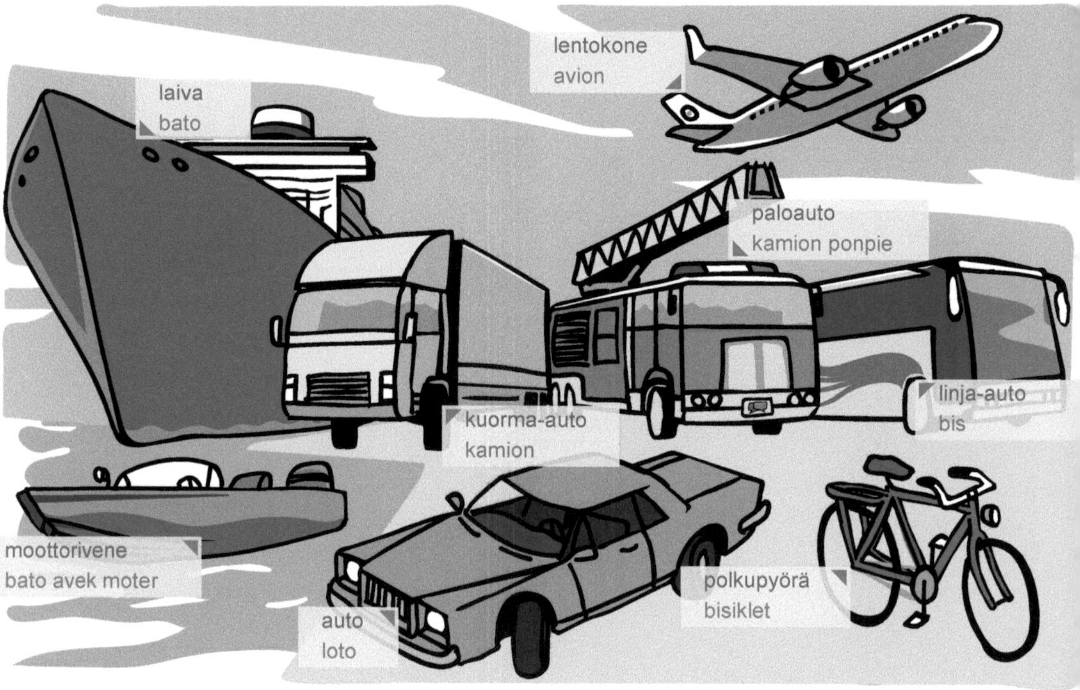
lentokone
avion
laiva
bato
paloauto
kamion ponpie
linja-auto
bis
kuorma-auto
kamion
moottorivene
bato avek moter
polkupyörä
bisiklet
auto
loto

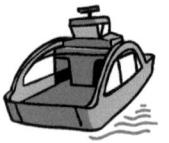

lautta

feri

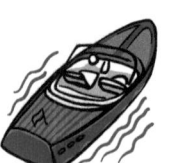

vene

bato

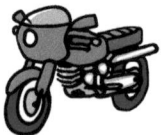

moottoripyörä

motosiklet

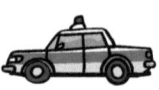

poliisiauto

loto lapolis

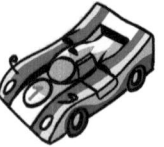

kilpa-auto

loto lekours

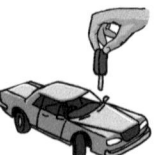

vuokra-auto

loto lokasion

car sharing

ko-vwatiraz

hinausauto

kamion towing

roska-auto

kamion salte

moottori

moter

polttoaine

lesans

huoltoasema

filing

liikennemerkki

pano indikasion

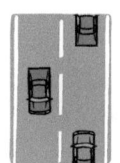

liikenne

trafik

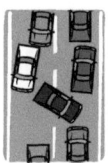

ruuhka

anbouteyaz

parkkipaikka

parking

rautatieasema

stasion trin

raiteet

ray

juna

trin

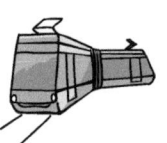

raitiovaunu

tram

vaunu

vagon

helikopteri

elikopter

lentokenttä

aeropor

lähilennonjohto

towing

matkustaja

pasaze

kontti

kontener

pahvilaatikko

karton

kärryt

sario

kori

panie

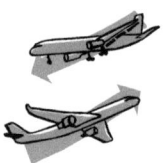

nousta / laskea

dekole / aterir

kaupunki
lavil

kylä

vilaz

keskusta

sant-vil

talo

lakaz

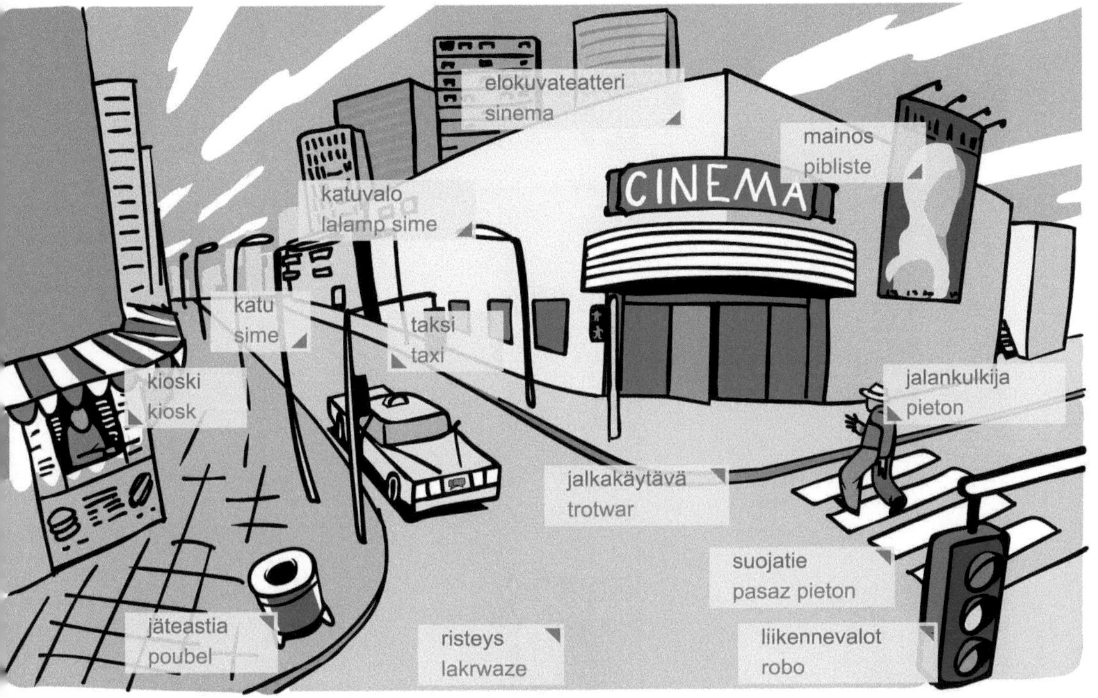

elokuvateatteri
sinema

mainos
pibliste

katuvalo
lalamp sime

CINEMA

katu
sime

taksi
taxi

kioski
kiosk

jalankulkija
pieton

jalkakäytävä
trotwar

suojatie
pasaz pieton

jäteastia
poubel

risteys
lakrwaze

liikennevalot
robo

mökki

kabann

kerrostalo

flat

rautatieasema

stasion trin

kaupungintalo

minisipalite

museo

mize

koulu

lekol

yliopisto

liniversite

pankki

labank

sairaala

lopital

hotelli

lotel

apteekki

farmasi

toimisto

biro

kirjakauppa

libreri

liike

magazin

kukkakauppa

fleris

supermarketti

sipermarse

tori

bazar

tavaratalo

gran magazin

kalakauppias

pwasonnri

ostoskeskus

sant komersial

satama

lepor

puisto
park

penkki
labank

silta
pon

portaat
leskalie

metro
metro

tunneli
tinel

linja-autopysäkki
bistop

baari
bar

ravintola
restoran

postilaatikko
bwat-a-let

katukyltti
pano

parkkimittari
parkmet

eläintarha
zoo

uimala
pisinn

moskeija
moske

maatila
laferm

ympäristön saastuminen
polision

hautausmaa
simitier

kirkko
legliz

leikkikenttä
lespas pou zwe

temppeli
tanp

maisema
peizaz

lehti
fey

tienviitta
pano indikasion

tie
sime

niitty
preri

retkeilijä
randonner

kivi
ros

puu
pie

joki
larivier

ruoho
lerb

kukka
fler

laakso
lavale

vuori
kolinn

järvi
lak

metsä
bwa

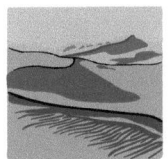

aavikko
dezer

tulivuori
volkan

linna
sato

sateenkaari
larkansiel

sieni
sanpinion

palmu
palmie

hyttynen
moutik

kärpänen
mous

muurahainen
fourmi

mehiläinen
abey

hämähäkki
zarenie

kovakuoriainen

koksinel

sammakko

grenouy

orava

ekirey

siili

erison

jänis

lapin

pöllö

ibou

lintu

zwazo

joutsen

sign

villisika

sangliye

peura

serf

hirvi

elan

pato

dam

tuulimylly

eolienn

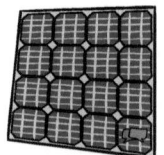

aurinkopaneeli

pano soler

ilmasto

klima

ravintola
restoran

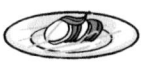

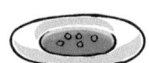

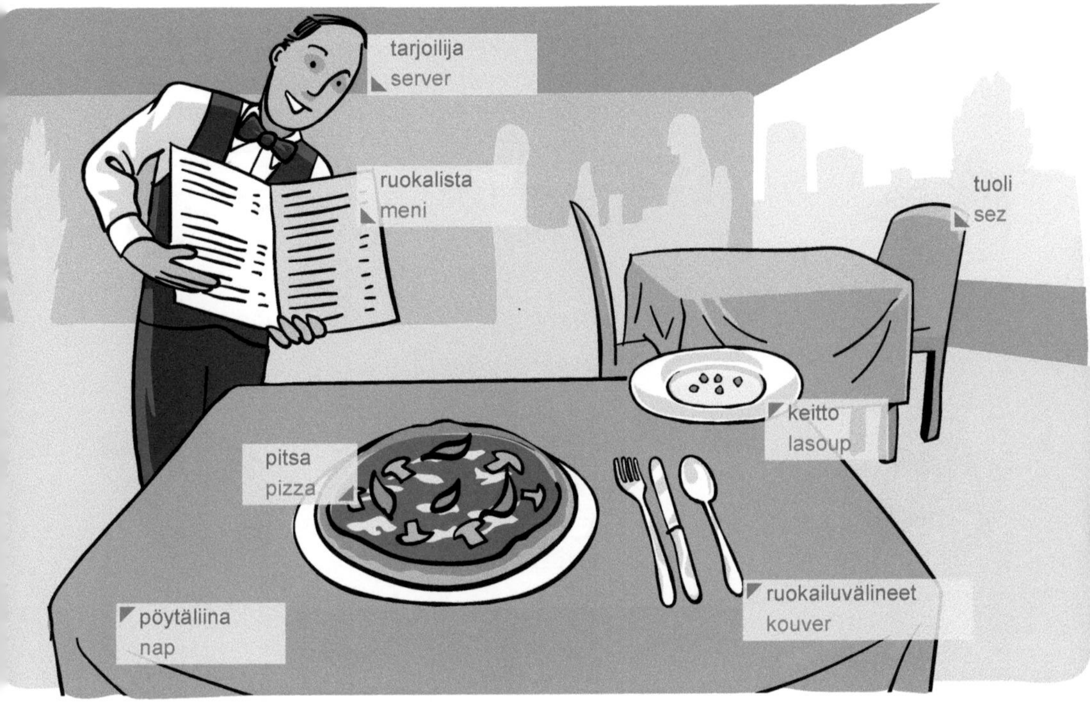
tarjoilija
server
ruokalista
meni
tuoli
sez
keitto
lasoup
pitsa
pizza
ruokailuvälineet
kouver
pöytäliina
nap

alkuruoka

lantre

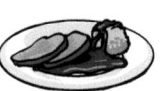

pääruoka

pla prinsipal

jälkiruoka

deser

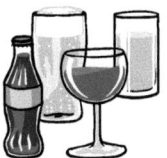

juomat

labwason

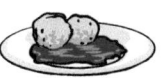

ruoka

manze

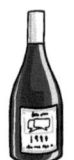

pullo

boutey

pikaruoka

fast food

katuruoka

take-away

teekannu

teyer

sokeriastia

po disik

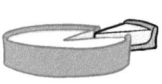

annos

porsion

espressokeitin

masinn expresso

syöttötuoli

sez-ot

lasku

bill

tarjotin

plato

veitsi

kouto

haarukka

fourset

lusikka

kwiyer

teelusikka

ti-kwiyer

servietti

serviet

lasi

ver

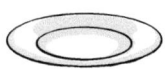

lautanen

lasiet

syvä lautanen

lasiet

aluslautanen

soukoup

kastike

lasos

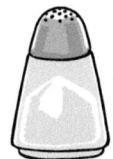

suolasirotin

po disel

pippurimylly

moulin dipwav

etikka

vineg

öljy

delwil

mausteet

zepis

ketsuppi

ketchup

sinappi

lamoutard

majoneesi

mayonez

supermarketti
sipermarse

tarjous
promosion
FOR
asiakas
klian
maitotuotteet
prodwi a baz dile
hedelmät
frwi
ostoskärryt
trole

BUTCHERS

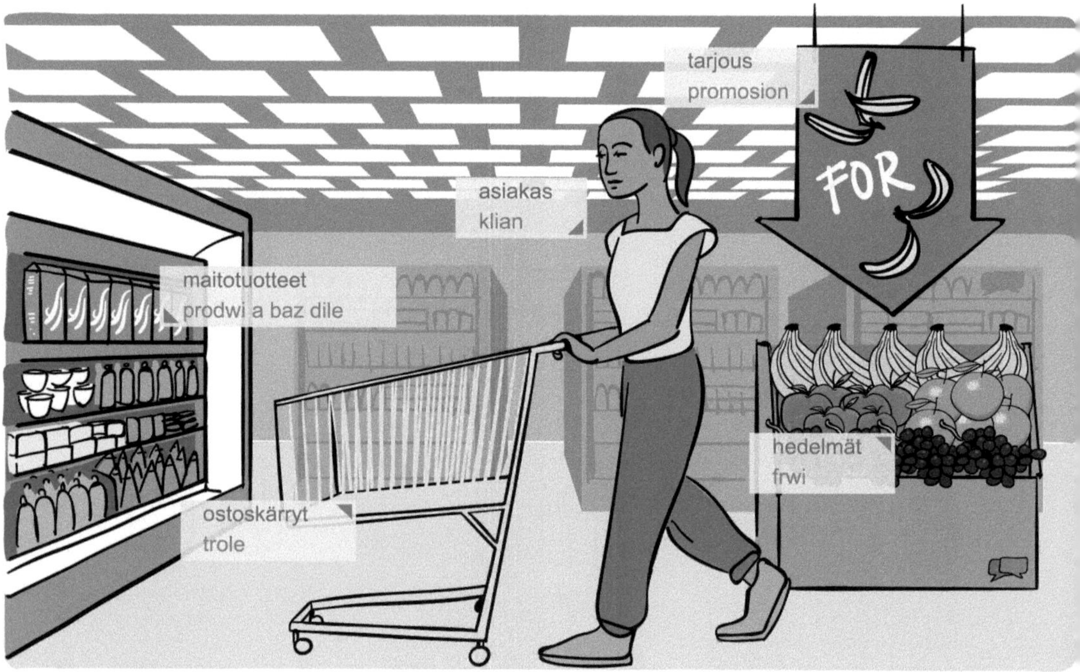

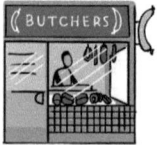

teurastamo

bousri

BAKERY

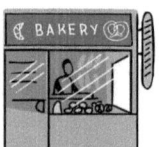

leipomo

boulanzri

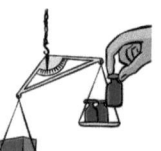

punnita

peze

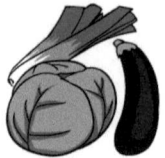

kasvikset

legim

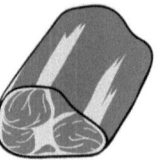

liha

laviann

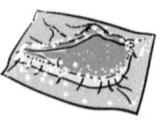

pakasteet

aliman konzele

leikkele

sarkitri

säilykkeet

bwat konserv

pesujauhe

lapoud masinn

makeiset

bonbon

kotitaloustarvikkeet

komision

puhdistusaineet

deterzan

myyjä

vandez

kassa

lakes

kassanhoitaja

kesie

ostoslista

lalis komision

aukioloajat

ouvertir

lompakko

portfey

luottokortti

kart kredi

kassi

sak

muovipussi

sak plastik

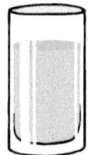

vesi

delo

mehu

zi

maito

dile

kokis

coca

viini

divin

olut

labier

alkoholi

lalkol

kaakao

sokola so

tee

dite

kahvi

kafe

espresso

expresso

cappuccino

cappuccino

banaani

banann

omena

pom

appelsiini

zoranz

meloni

melon

sitruuna

sitron

porkkana

karot

valkosipuli

lay

bambu

banbou

sipuli

zwayon

sieni

sanpiyon

pähkinät

nwazet

spagetti

minn

spagetti

spageti

riisi

diri

salaatti

salad

ranskalaiset

chips

paistetut perunat

pomdeter frir

pitsa

pizza

hampurilainen

burger

voileipä

sandwich

leike

eskalop

kinkku

zanbon

salami

salami

makkara

sosis

kana

poul

paisti

roti

kala

pwason

kaurahiutaleet

oatmeal

mysli

muesli

murot

kornbif

jauho

lafarinn

voisarvi

krwasan

sämpylä

ti-dipin

leipä

dipin

paahtoleipä

dipin griye

keksit

biskwi

voi

diber

rahka

fromaz blan

kakku

gato

kananmuna

dizef

paistettu kananmuna

dizef frir

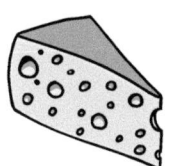

juusto

fromaz

jäätelö

sorbe

sokeri

disik

hunaja

dimiel

hillo

konfitir

suklaapähkinälevite

nouga

curry

kari

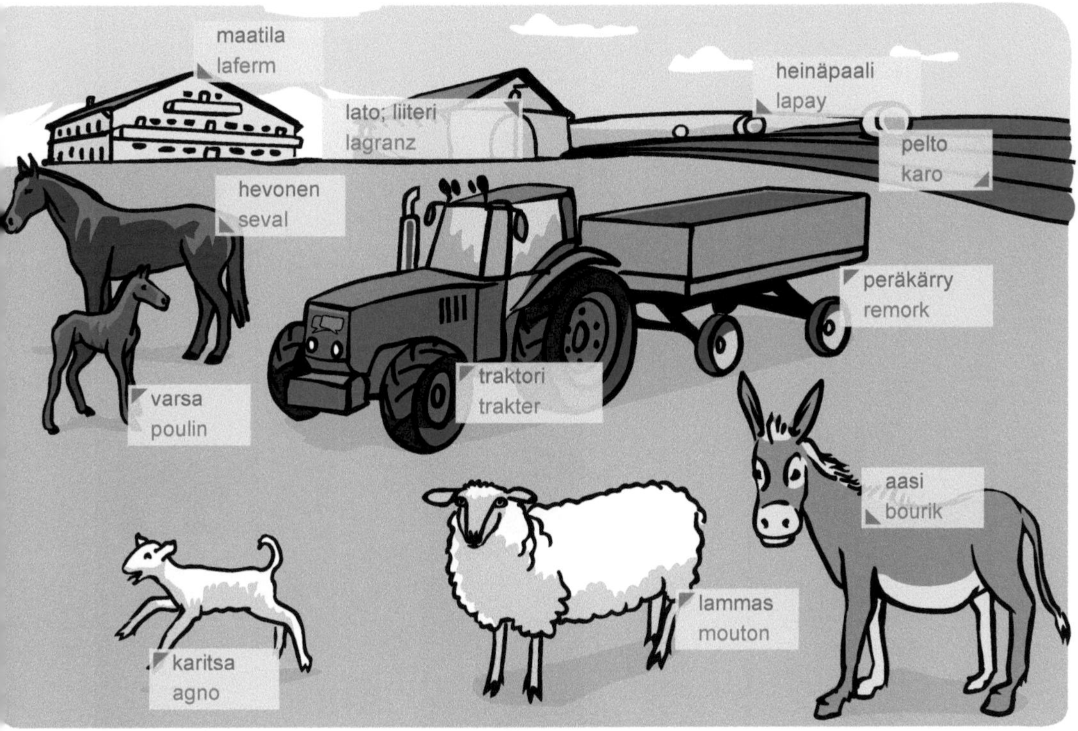

maatila
laferm

heinäpaali
lapay

lato; liiteri
lagranz

pelto
karo

hevonen
seval

peräkärry
remork

varsa
poulin

traktori
trakter

aasi
bourik

karitsa
agno

lammas
mouton

vuohi

kabri

lehmä

vas

vasikka

vo

sika

koson

porsas

ti-koson

sonni

toro

hanhi
lezwa

ankka
kanar

tipu
pousin

kana
poul

kukko
kok

rotta
lera

kissa
sat

hiiri
souri

härkä
bef

koira
lisien

koirankoppi
lakaz lisien

puutarhaletku
tiyo

kastelukannu
arozwar

viikate
laserp

aura
saret

sirppi
fosi

kuokka
pios

talikko
fours

kirves
lars

kottikärryt
bouret

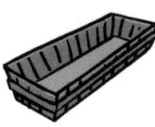

kaukalo
kiv

maitokannu
bwat dile

säkki
sak

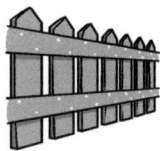

aita
fencing

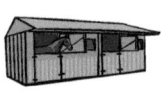

talli
letab

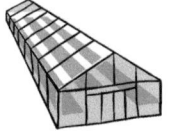

kasvihuone
laser

maa
later

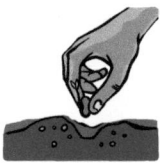

siemen
lagrin

lannoite
langre

leikkuupuimuri
masinn pou fer rekolt

kerätä sato
rekolte

sato
rekolt

jamssit
ignam

vehnä
dible

soija
soya

peruna
pomdeter

maissi
may

rypsi
colza

hedelmäpuu
zarb frwitie

maniokki
maniok

vilja
sereal

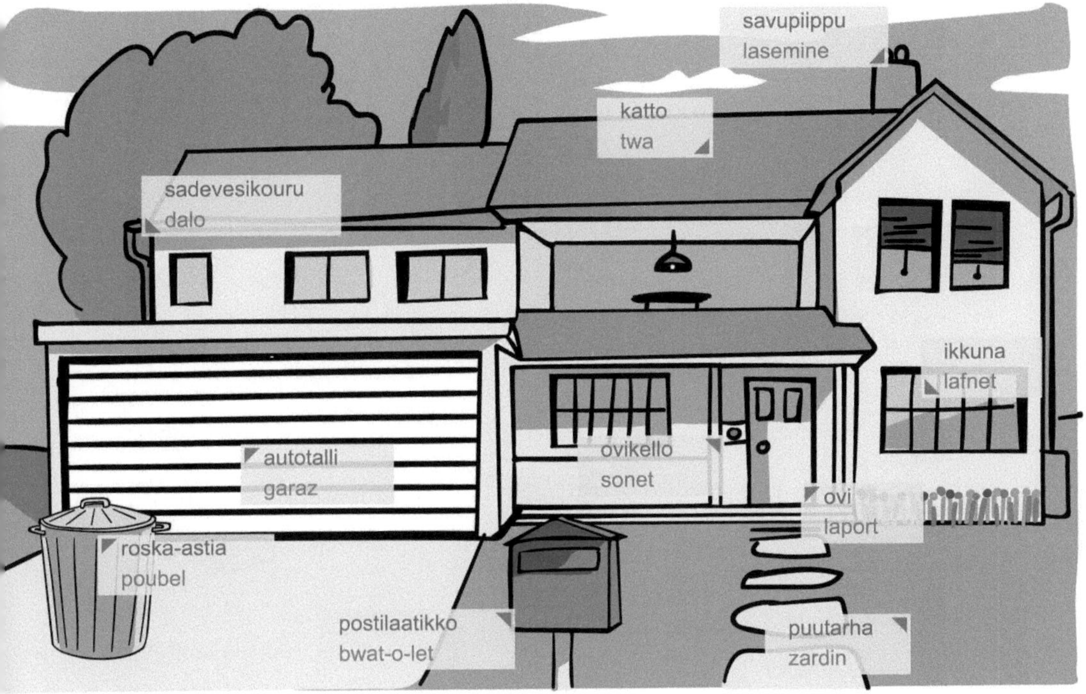

savupiippu
lasemine

katto
twa

sadevesikouru
dalo

ikkuna
lafnet

autotalli
garaz

ovikello
sonet

ovi
laport

roska-astia
poubel

postilaatikko
bwat-o-let

puutarha
zardin

olohuone
salon

kylpyhuone
saldebin

keittiö
lakwizinn

makuuhuone
lasam

lastenhuone
lasam zanfan

ruokahuone
salamanze

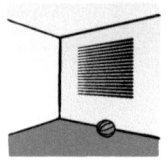

lattia

sali

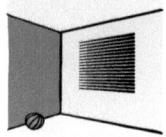

seinä

miray

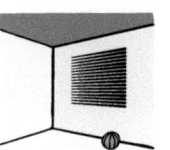

katto

plafon

kellari

lakav

sauna

sona

parveke

balkon

terassi

teras

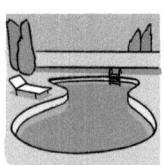

uima-allas

pisinn

ruohonleikkuri

masinn koup gazon

lakana

dra

päiväpeitto

kwet

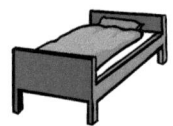

sänky

lili

harja

balie

ämpäri

seo

katkaisin

take lalimier

olohuone

salon

tapetti
papie-pin
kuva
foto
lamppu
lalamp
hylly
letazer
kaappi
larmwar
televisio
televizion
takka
lasemine
kukka
fler
tyyny
kousin
sohva
sofa
maljakko
vaz
kaukosäädin
rimot-kontrol

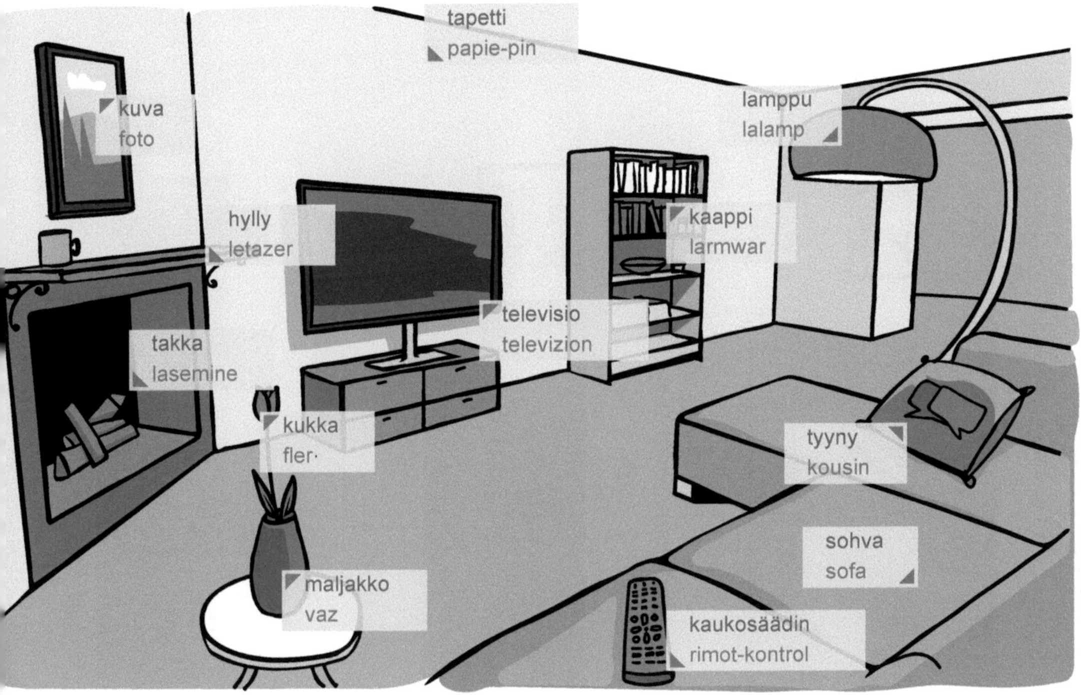

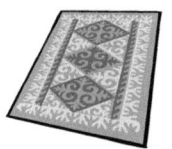

matto

tapi

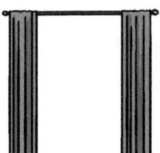

verho

rido

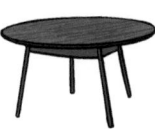

pöytä

latab

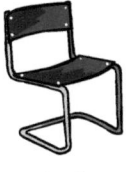

tuoli

sez

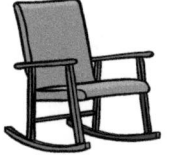

keinutuoli

rocking chair

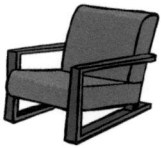

nojatuoli

fotey

kirja

liv

peitto

kouvertir

koriste

dekorasion

polttopuut

dibwa foye

elokuva

fim

stereot

hi-fi

avain

lakle

sanomalehti

zournal

maalaus

lapintir

juliste

poster

radio

radio

muistivihko

bloknot

pölynimuri

laspirater

kaktus

kaktis

kynttilä

labouzi

keittiö
lakwizinn

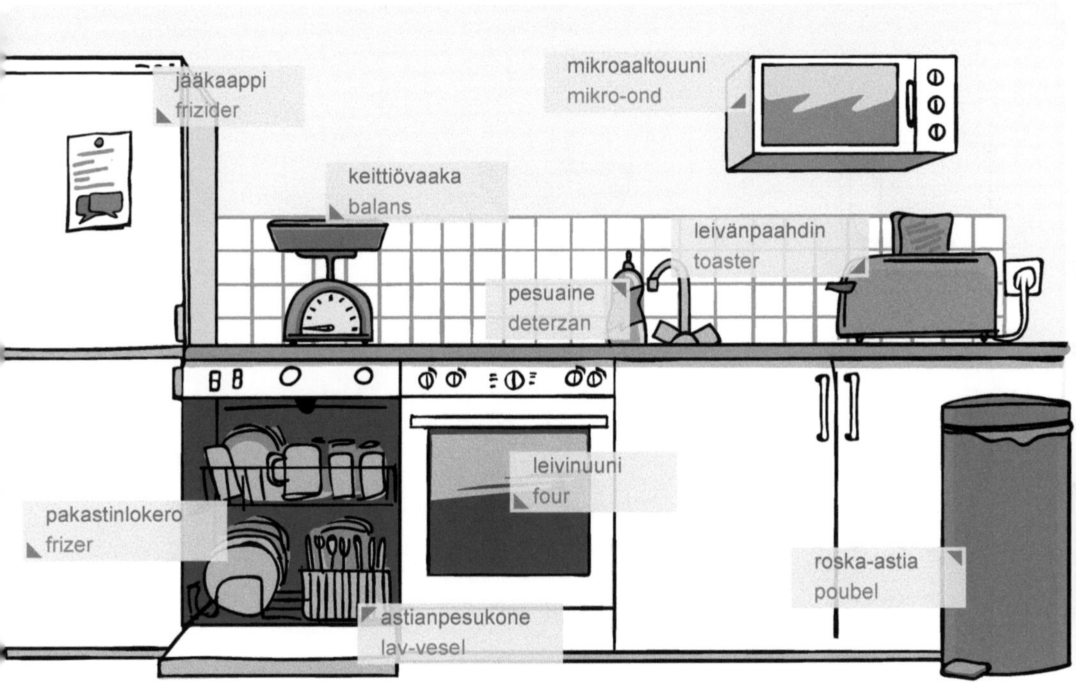
jääkaappi
frizider
mikroaaltouuni
mikro-ond
keittiövaaka
balans
leivänpaahdin
toaster
pesuaine
deterzan
leivinuuni
four
pakastinlokero
frizer
roska-astia
poubel
astianpesukone
lav-vesel

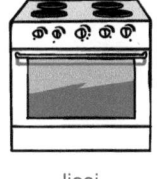

liesi

four

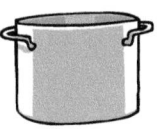

kattila

kasrol

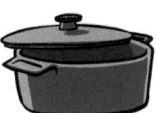

rautapata

marmit

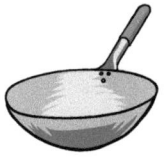

vokkipannu / kadai-pannu

wok

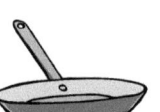

paistinpannu

pwal

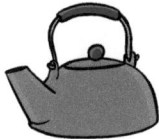

teepannu

boulwar

höyrykeitin

steamer

uunipelti

plak kwison

astiat

vesel

muki

goble

kulho

bol

syömäpuikot

baget sinwa

kauha

lous

paistinlasta

spatil

vispilä

fwet

siivilä

paswar

siivilä

tami

raastin

larap

mortteli

mortie

grilli

griyad

avotuli

lasemine

leikkuulauta
biyo

kaulin
roulo

korkinavaaja
tirbouson

purkki
bwat konserv

purkinavaaja
ouvbwat

pannulappu
legan proteksion

lavuaari
lavabo

tiskiharja
bros

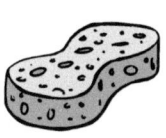

pesusieni
leponz

tehosekoitin
blender

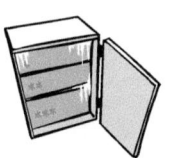

pakastin
konzelater

tuttipullo
bibron

vesihana
robine

kylpyhuone
saldebin

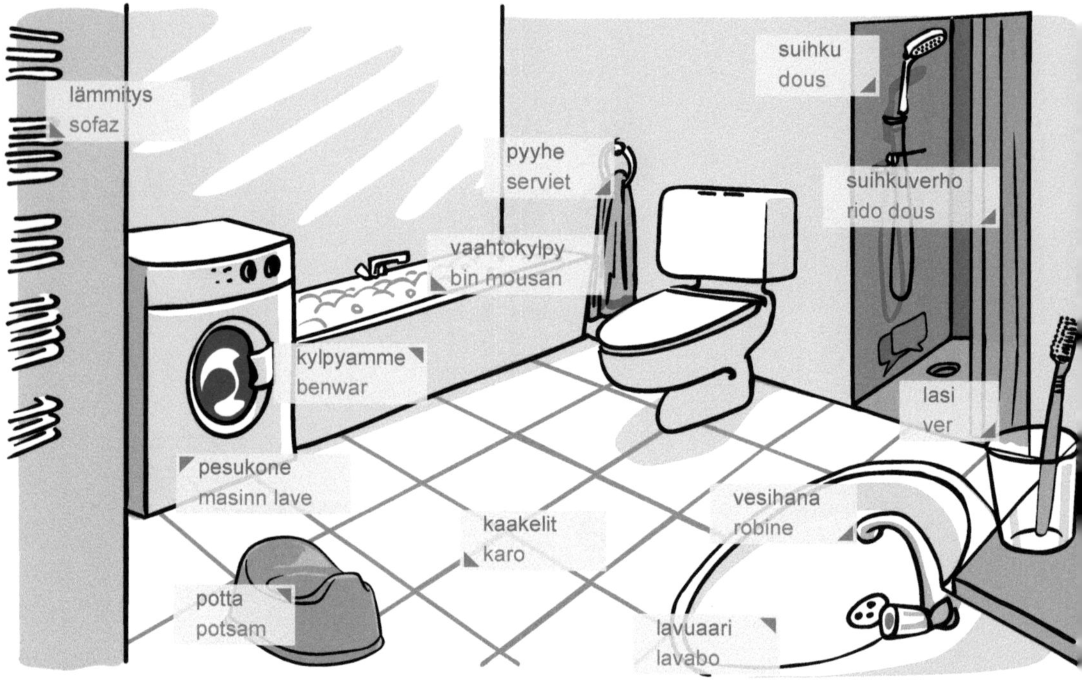

lämmitys
sofaz
suihku
dous
pyyhe
serviet
suihkuverho
rido dous
vaahtokylpy
bin mousan
kylpyamme
benwar
lasi
ver
pesukone
masinn lave
vesihana
robine
kaakelit
karo
potta
potsam
lavuaari
lavabo

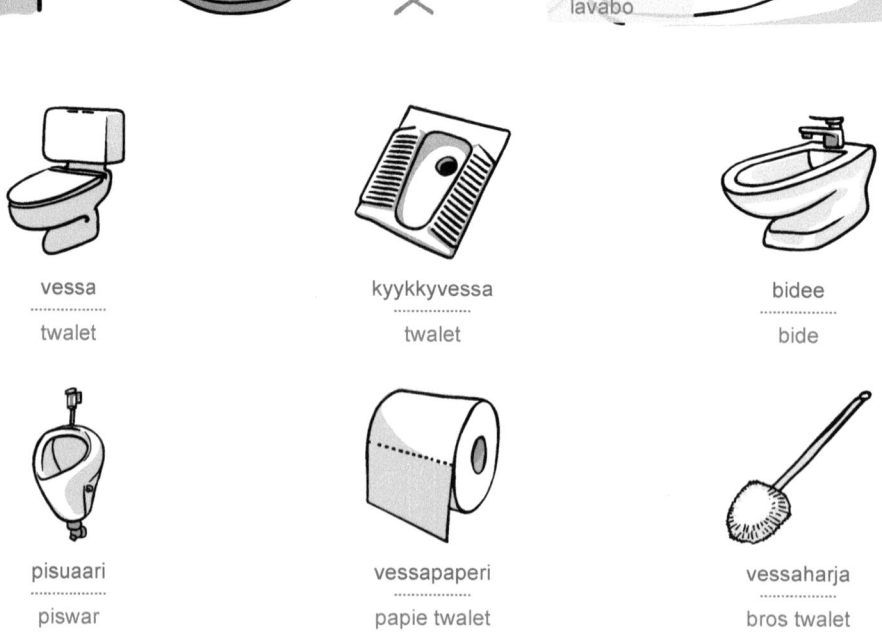

vessa
twalet

kyykkyvessa
twalet

bidee
bide

pisuaari
piswar

vessapaperi
papie twalet

vessaharja
bros twalet

hammasharja

bros ledan

hammastahna

dantifris

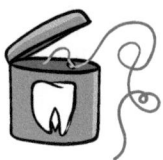

hammaslanka

fil danter

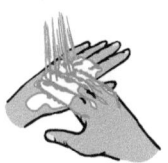

pestä

lave

käsisuihku

ti-bin

intiimisuihku

dous

pesuvati

basin

selkäharja

bros ledo

saippua

savon

suihkugeeli

zel dous

shampoo

sanpwin

pesulappu

gandebin

viemäri

drin

voide

lakrem

deodorantti

deodoran

peili

mirwar

käsipeili

mirwar

partaveitsi

razwar

partavaahto

lamous pou raze

partavesi

apre-razaz

kampa

pengn

harja

bros

hiustenkuivaaja

seswar

hiuslakka

lak

meikki

makiyaz

huulipuna

dirouz

kynsilakka

verni

pumpuli

cotton wool

kynsisakset

tay-zong

hajuvesi

parfin

kosmetiikkalaukku

trous twalet

jakkara

stoul

vaaka

balans

kylpytakki

penwar

kumihansikkaat

legan netwayaz

tamponi

tanpon

terveysside

serviet izienik

kemiallinen wc

twalet simik

lastenhuone

lasam zanfan

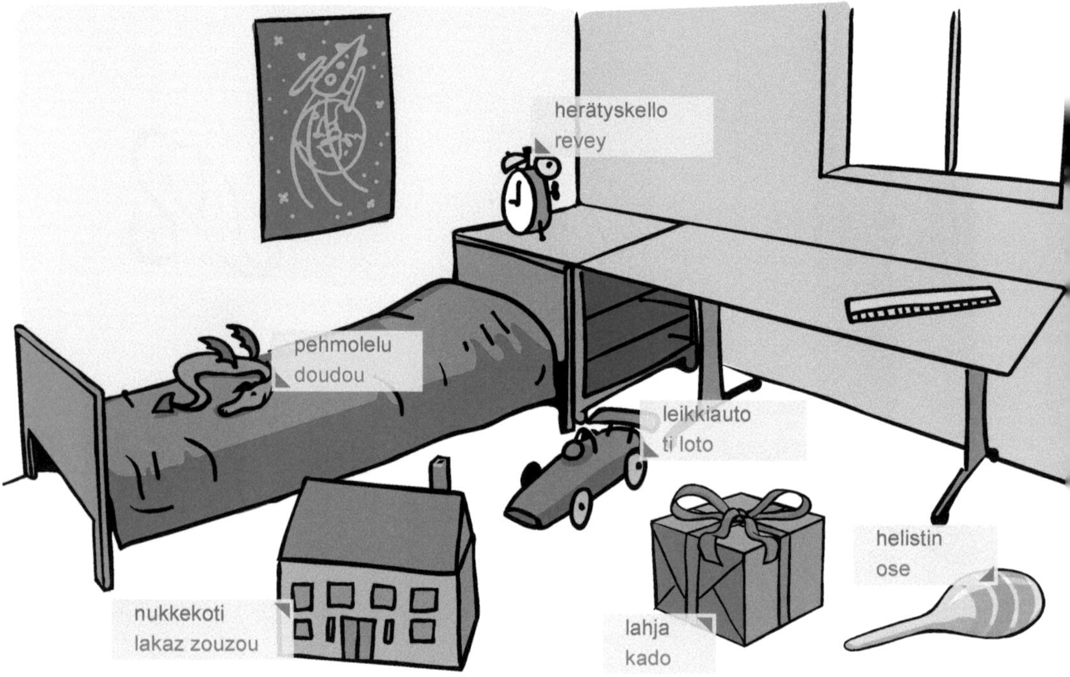

herätyskello
revey
pehmolelu
doudou
leikkiauto
ti loto
helistin
ose
nukkekoti
lakaz zouzou
lahja
kado

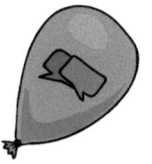

ilmapallo

balon

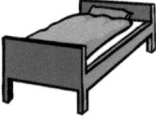

sänky

lili

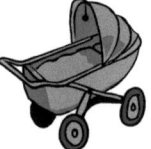

lastenvaunut

pouset

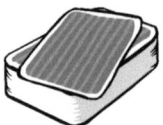

korttipeli

kart

palapeli

puzzle

SUPER MEGA

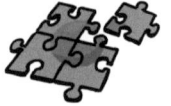

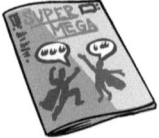

sarjakuva

tikomik

legopalikat

lego

rakennuspalikat

lego

supersankari

figirinn

potkupuku

grenouyer

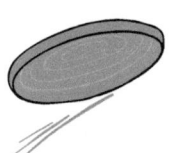

frisbee

frisbee

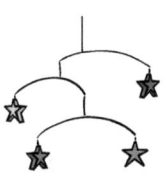

mobile

mobil

lautapeli

zwe

noppa

lede

pienoisjunarata

trin zouzou

tutti

siset

juhlat

fet

kuvakirja

liv ek zimaz

pallo

boul

nukke

poupet

leikkiä

zwe

hiekkalaatikko

bak-a-sab

keinu

balanswar

lelut

zouzou

pelikonsoli

game

kolmipyörä

trisik

nalle

nounours

vaatekaappi

larmwar

sukat

soset

nylonsukat

leba

sukkahousut

kolan

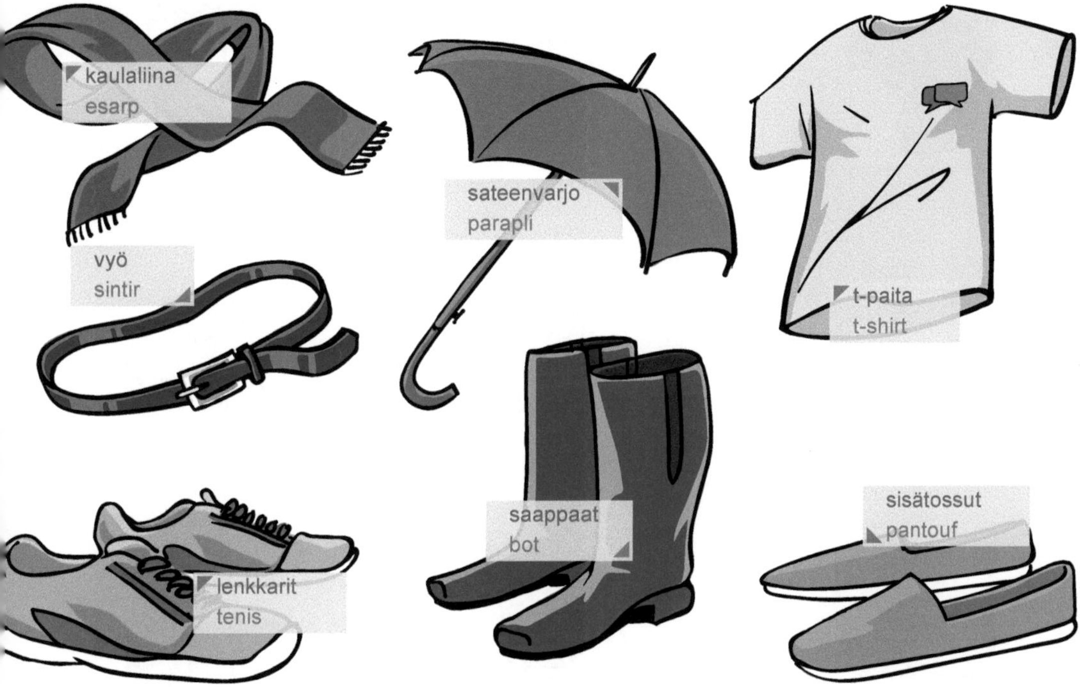

kaulaliina
esarp

vyö
sintir

sateenvarjo
parapli

t-paita
t-shirt

lenkkarit
tenis

saappaat
bot

sisätossut
pantouf

sandaalit
sandalet

kengät
soulie

kumisaappaat
bot an karotsou

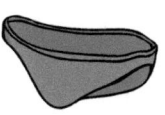

alushousut
souvetman

rintaliivit
soutiengorz

aluspaita
vest

body
body

housut
pantalon

farkut
jeans

hame
zip

pusero
blouz

paita
simiz

villapaita
pull-over

collegepaita
blouzon ek kapison

jakku
vest

takki
jaket

takki
manto

sadetakki
pardesi

puku
kostim

mekko
rob

hääpuku
rob lamarye

puku

kostim

yöpaita

robdesam

pyjama

pizama

shari

sari

päähuivi

foular

turbaani

tirban

burka

bourka

kaftaani

kaftan

abaya

abaya

uimapuku

mayo de bin

uimahousut

mayo de bin

shortsit

sorti de sekour

verkkarit

linz spor

esiliina

tabliye

käsineet

legan

nappi

bouton

silmälasit

linet

rannekoru

brasle

kaulakoru

kolie

sormus

bag

korvakoru

zanon

lippalakki

bone

ripustin

sint

hattu

sapo

solmio

kravat

vetoketju

fermetirekler

kypärä

elmet

henkselit

bretel

koulupuku

iniform lekol

univormu

iniform

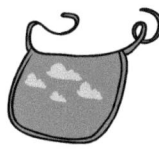

ruokalappu

bavwar

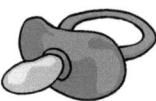

tutti

siset

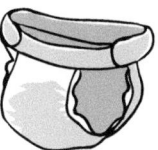

vaippa

lanz

toimisto
biro

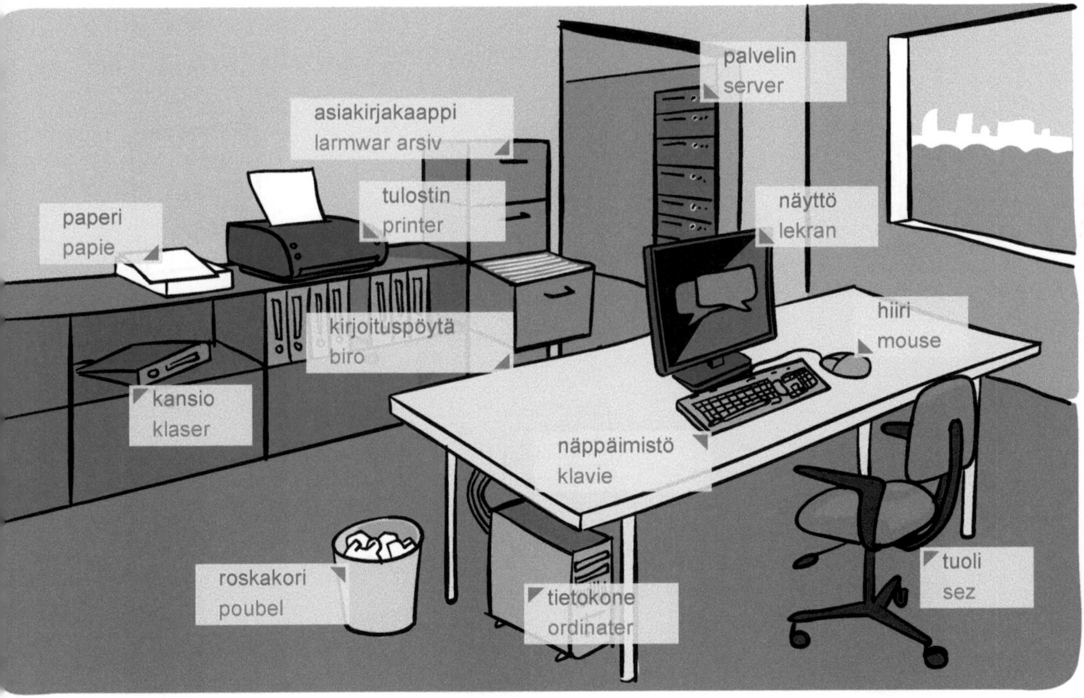

palvelin
server
asiakirjakaappi
larmwar arsiv
tulostin
printer
paperi
papie
näyttö
lekran
hiiri
mouse
kirjoituspöytä
biro
kansio
klaser
näppäimistö
klavie
roskakori
poubel
tietokone
ordinater
tuoli
sez

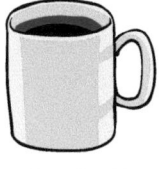

kahvimuki

mug

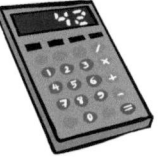

taskulaskin

kalkilatris

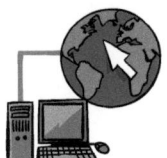

internet

internet

kannettava tietokone

laptop

kirje

let

viesti

mesaz

kännykkä

portab

verkko

rezo

kopiokone

fotokopi

ohjelmisto

lozisiel

puhelin

telefonn

pistorasia

priz

faksi

fax

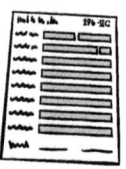

lomake

form

asiakirja

dokiman

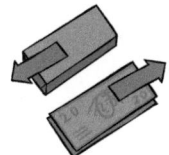

ostaa

aste

maksaa

peye

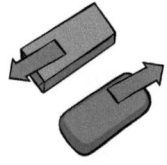

vaihtaa

fer biznes

raha

larzan

dollari

dolar

euro

euro

jeni

yen

rupla

rouble

frangi

fran swis

renminbi juan

renminbi yuan

rupia

roupi

pankkiautomaatti

distribiter biye

rahanvaihto

biro sanz

kulta

lor

hopea

larzan

öljy

petrol

energia

lenerzi

hinta

pri

sopimus

kontra

vero

tax

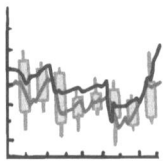

osake

aksion

työskennellä

travay

työntekijä

anplwaye

työnantaja

anplwayer

tehdas

lizinn

liike

magazin

ammatit
travay

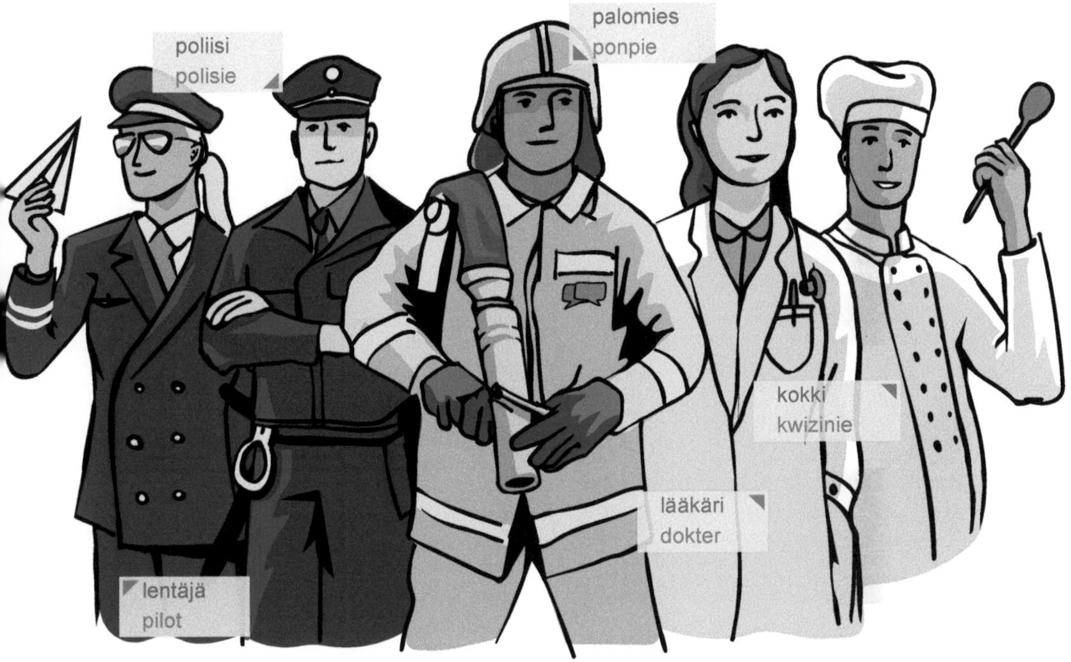
poliisi
polisie
palomies
ponpie
kokki
kwizinie
lääkäri
dokter
lentäjä
pilot

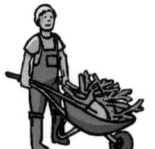

puutarhuri

zardinie

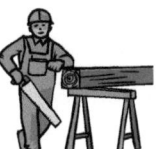

puuseppä

sarpantie

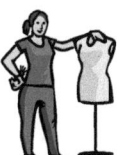

ompelija

koutirier

tuomari

ziz

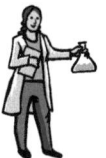

kemisti

simis

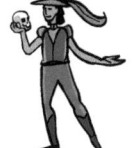

näyttelijä

akter

linja-autonkuljettaja

sofer bis

taksinkuljettaja

sofer taxi

kalastaja

peser

siivooja

bonn

katontekijä

zouvriye twa lakaz

tarjoilija

server

metsästäjä

saser

maalari

pint

leipuri

boulanze

sähköasentaja

elektrisien

rakentaja

zouvriye

insinööri

inzenier

teurastaja

bouse

putkiasentaja

plonbie

postinjakaja

fakter

ammatit - travay

sotilas

solda

arkkitehti

arsitek

kassanhoitaja

kesie

floristi

fleris

kampaaja

kwafez

konduktööri

chek

mekaanikko

mekanisien

kapteeni

kapitenn

hammaslääkäri

dantis

tiedemies

siantis

rabbi

rabi

imaami

imam

munkki

mwann

pappi

pret

työkalut
zouti

vasara
marto
pihdit
pins
ruuvimeisseli
tournavis
jakoavain
lakle
taskulamppu
tors

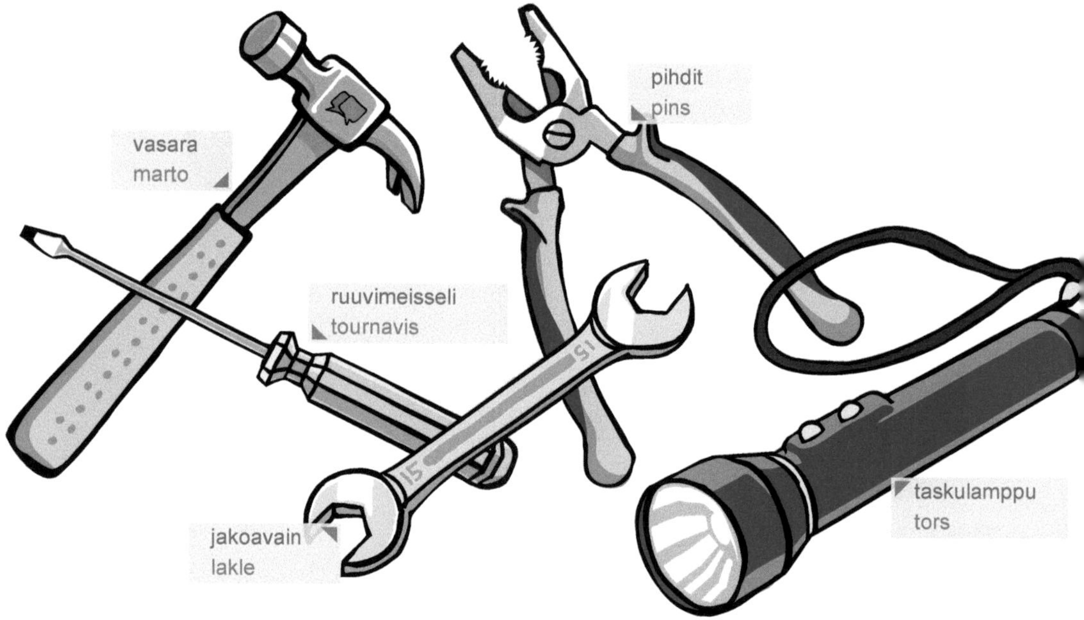

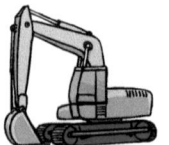

kaivinkone

peltez

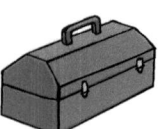

työkalupakki

bwat zouti

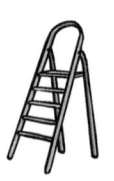

tikkaat

lesel

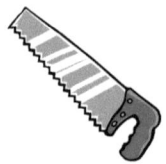

saha

lasi

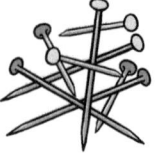

naulat

koulou

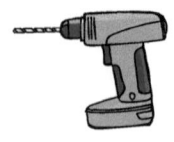

pora

persez

korjata
....
aranze

lapio
....
lapel

Hitto!
....
Ayo!

rikkalapio
....
lapel

maalipurkki
....
po lapintir

ruuvit
....
vis

soittimet

instriman lamizik

kontrabasso
kontrebas

rummut
batri

kaiuttimet
o-parler

trumpetti
tronpet

kitara
lagitar

piano
piano

viulu
violon

basso
bas

patarummut
tinbal

rumpu
tanbour

kosketinsoitin
klavie

saksofoni
saxofonn

huilu
laflit

mikrofoni
mikro

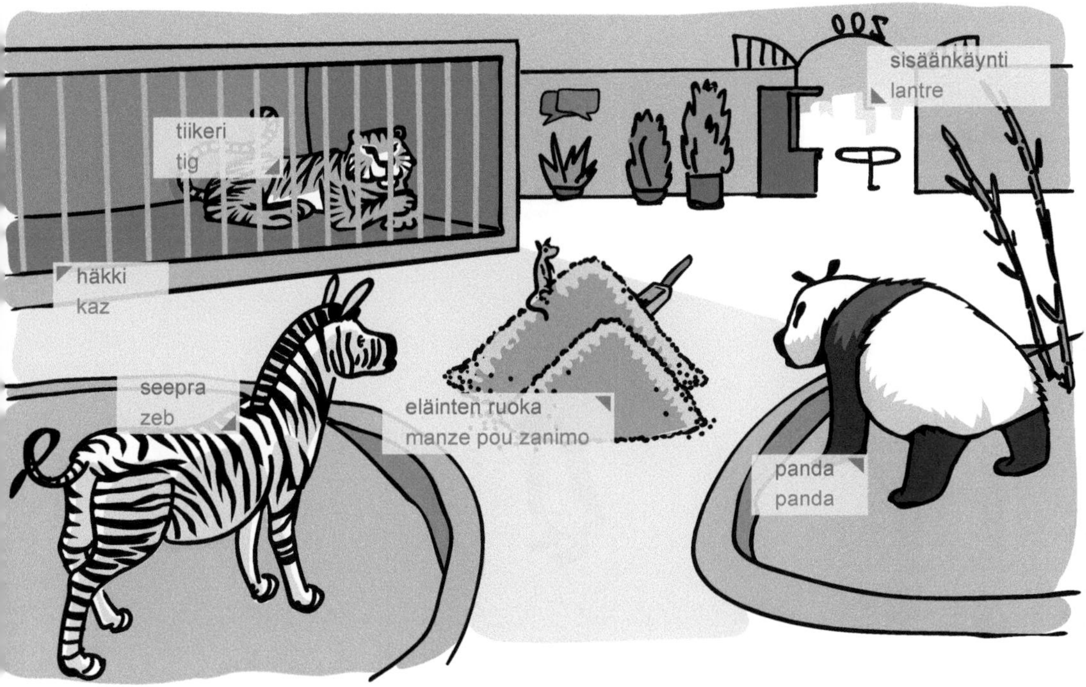

tiikeri
tig

sisäänkäynti
lantre

häkki
kaz

seepra
zeb

eläinten ruoka
manze pou zanimo

panda
panda

eläimet

zanimo

norsu

lelefan

kenguru

kangourou

sarvikuono

rinoceros

gorilla

gori

karhu

lours

kameli

samo

strutsi

lotris

leijona

lion

apina

zako

flamingo

flaman roz

papukaija

peroke

jääkarhu

lours poler

pingviini

pingwi

hai

rekin

riikinkukko

pan

käärme

serpan

krokotiili

krokodil

eläintarhanhoitaja

gardien zoo

hylje

fok

jaguaari

zagwar

poni
poney

leopardi
leopar

virtahepo
ipopotam

kirahvi
ziraf

kotka
leg

villisika
sangliye

kala
pwason

kilpikonna
torti

mursu
mors

kettu
renar

gaselli
gazel

amerikkalainen jalkapallo
foutborl ameriken

pyöräily
siklism

tennis
tenis

koripallo
basketball

uinti
natasion

jääkiekko
oke lor gazon

nyrkkeily
labox

jalkapallo

foutborl

sulkapallo

badminton

yleisurheilu

atletism

käsipallo

handball

hiihto

ski

poolo

polo

nauraa
riye

hypätä
sote

halata
maye

laulaa
sante

kävellä
marse

rukoilla
priye

suudella
anbrase

unelmoida
reve

kirjoittaa

ekrir

piirtää

desine

näyttää

montre

painaa

pouse

antaa

done

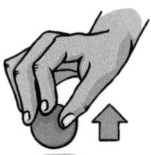

ottaa

pran

omistaa

ena

tehdä

fer

olla

ete

seisoa

diboute

juosta

galoupe

vetää

rise

heittää

zete

kaatua

tonbe

maata

alonze

odottaa

atann

kantaa

amene

istua

asize

pukeutua

abiye

nukkua

dormi

herätä

leve

katsoa

gete

itkeä

plore

silittää

karese

kammata

pengne

puhua

koze

ymmärtää

konpran

kysyä

dimande

kuunnella

ekoute

juoda

bwar

syödä

manze

siivota

netwaye

rakastaa

kontan

keittää

kwi

ajaa

kondir

lentää

anvole

purjehtia

fer lavwal

laskea

kalkile

lukea

lir

oppia

aprann

työskennellä

travay

mennä naimisiin

marye

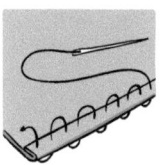

ommella

koud

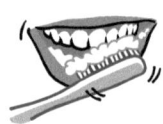

pestä hampaat

bros ledan

tappaa

touye

tupakoida

fime

lähettää

avoye

perhe
fami

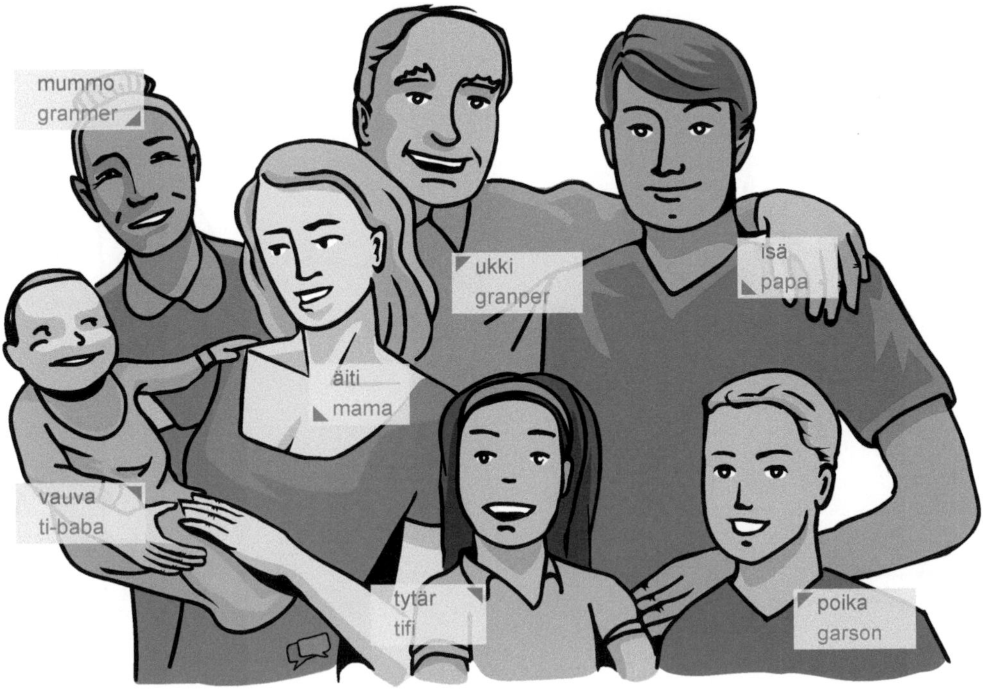
mummo
granmer
ukki
granper
isä
papa
äiti
mama
vauva
ti-baba
tytär
tifi
poika
garson

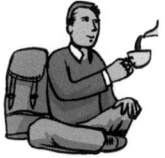

vieras
ot

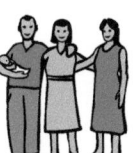

täti
matant

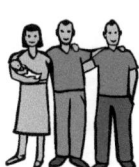

setä
tonton

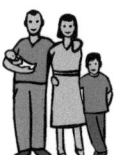

veli
frer

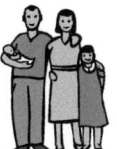

sisko
ser

vartalo
lekor

otsa
fron
silmä
lizie
kasvot
figir
leuka
manton
rinta
tete
olkapää
zepol
sormet
ledwa
käsi
lame
jalka
lazam
käsivarsi
lebra

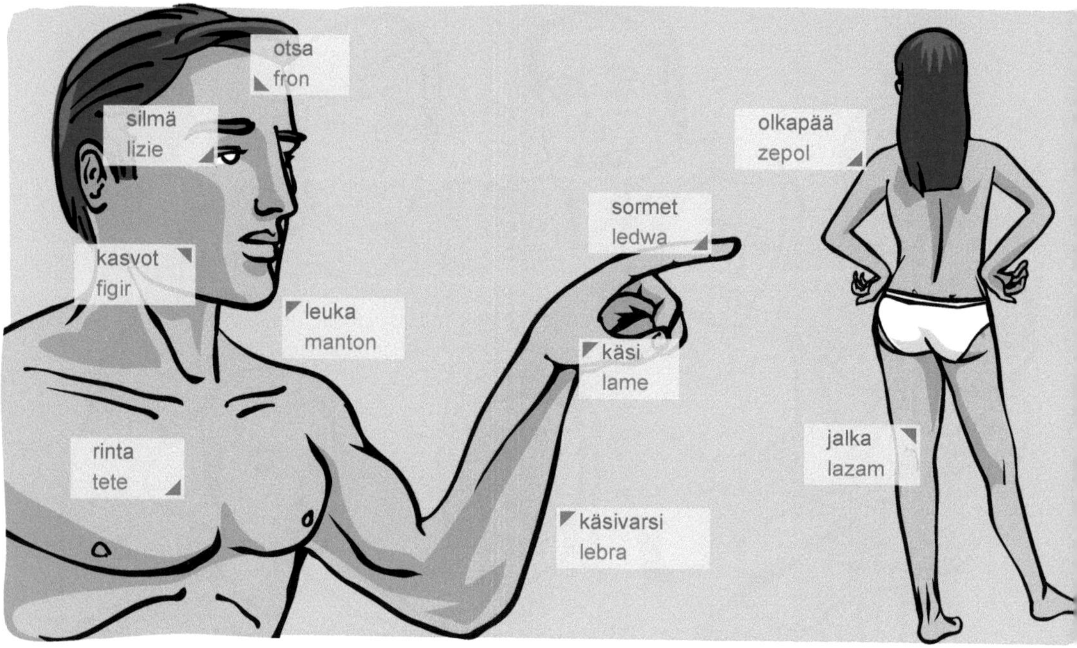

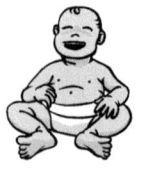

vauva

ti-baba

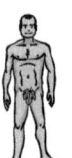

mies

zom

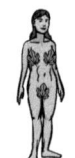

nainen

fam

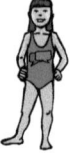

tyttö

tifi

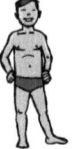

poika

ti-garson

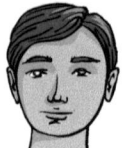

pää

latet

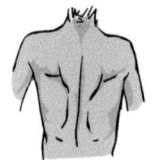

selkä
ledo

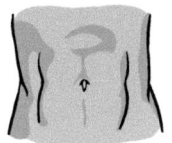

maha
vant

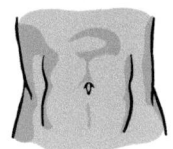

napa
lonbri

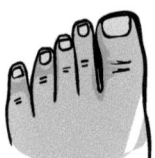

varvas
zortey

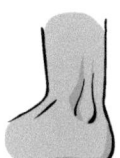

kantapää
talon

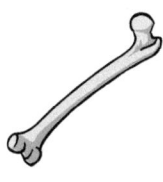

luu
lezo

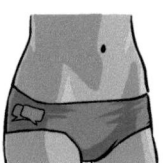

lantio
laans

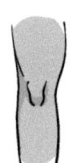

polvi
zenou

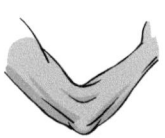

kyynärpää
koud

nenä
nene

takapuoli
fes

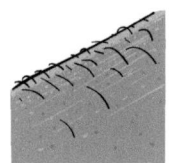

iho
lapo

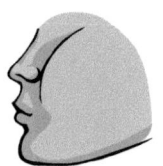

poski
lazou

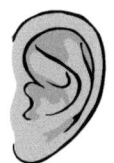

korva
zorey

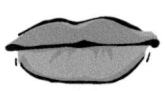

huuli
lalev

suu

labous

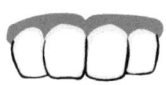

hammas

ledan

kieli

lalang

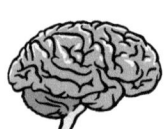

aivot

servo

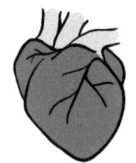

sydän

leker

lihas

mix

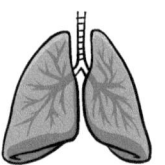

keuhkot

poumon

maksa

lefwa

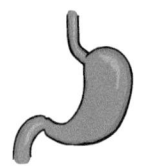

vatsa

lestoma

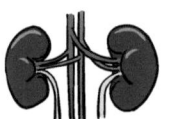

munuaiset

lerin

seksi

sex

kondomi

kapot

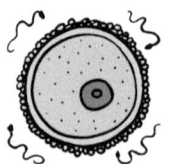

munasolu

ovil

sperma

sperm

raskaus

groses

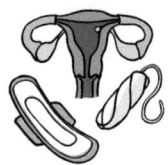

kuukautiset

period

vagina

vazin

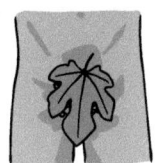

penis

penis

kulmakarvat

soursi

hiukset

seve

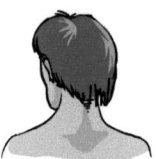

niska

likou

sairaala
lopital

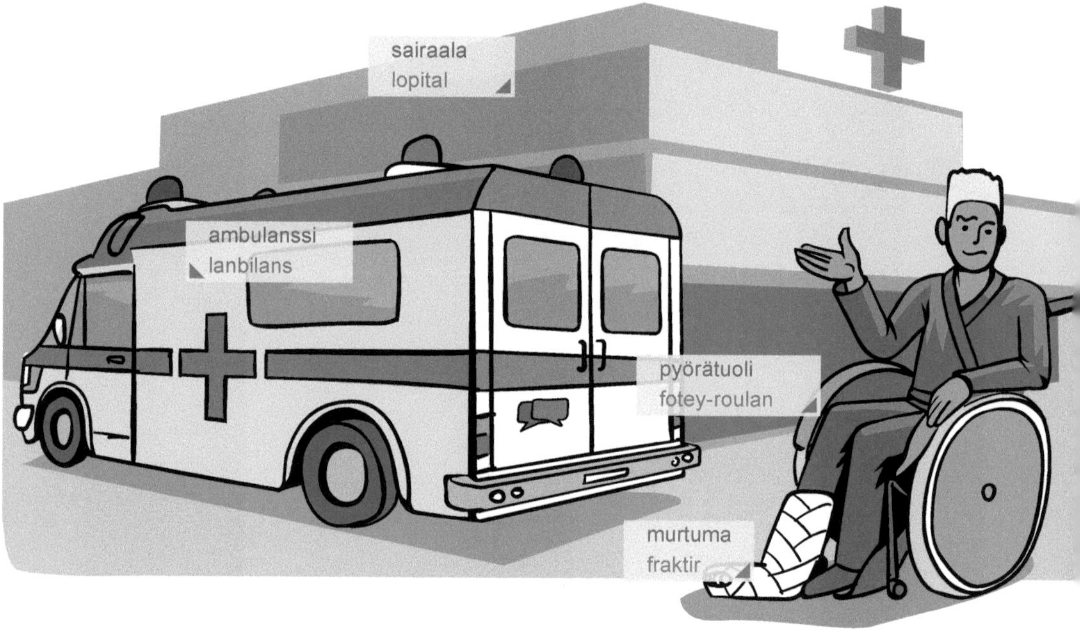

sairaala
lopital
ambulanssi
lanbilans
pyörätuoli
fotey-roulan
murtuma
fraktir

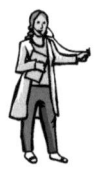

lääkäri

dokter

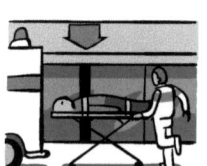

ensiapu

servis irzans

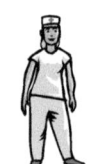

sairaanhoitaja

ners

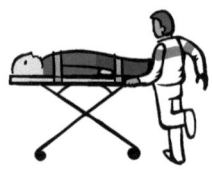

hätätilanne

irzans

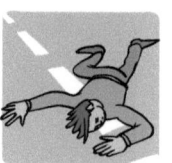

tajuton

inkonsian

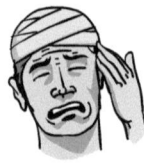

kipu

douler

vamma

blesir

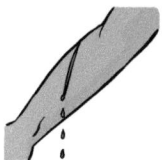

verenvuoto

emorazi

sydänkohtaus

kriz kardiak

aivoinfarkti

atak serebral

allergia

alerzik

yskä

touse

kuume

lafiev

flunssa

lagrip

ripuli

diare

päänsärky

malad latet

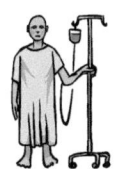

syöpä

kanser

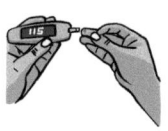

diabetes

/ diabet

kirurgi

sirirzien

veitsi

skalpel

leikkaus

operasion

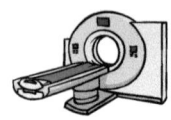

ct

CT

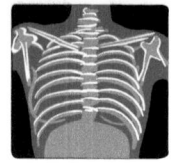

röntgen

x-ray

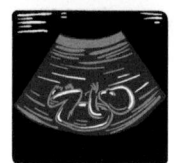

ultraääni

iltrason

maski

mask

sairaus

maladi

odotushuone

sal-datant

sauva

beki

laastari

pansman

side

bandaz

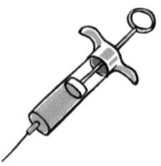

pistos

inzeksion

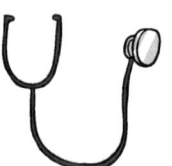

stetoskooppi

stetoskop

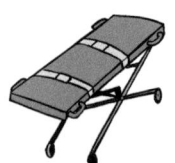

paarit

brankar

kuumemittari

termomet

syntymä

nesans

ylipaino

sirpwa

kuulolaite

laparey oditif

desinfiointiaine

dezinfektan

infektio

infeksion

virus

viris

HIV / AIDS

HIV / SIDA

lääke

medsinn

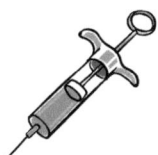

rokotus

vaksinasion

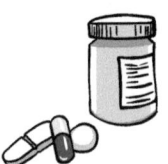

tabletit

konprime

pilleri

pilil kontraseptif

hätäpuhelu

korl irzans

verenpainemittari

laparey tansion

sairas / terve

malad / bien

Apua!
o-sekour

hälytys
alarm

ryöstö
atak

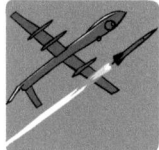

hyökkäys
atak

vaara
danze

hätäuloskäynti
sorti de sekour

Tulipalo!
Dife!

palosammutin
laponp dife

onnettomuus
aksidan

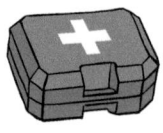

ensiapulaukku
kit first aid

SOS
SOS

poliisilaitos
lapolis

Eurooppa

Ierop

Pohjois-Amerikka

Lamerik di nor

Etelä-Amerikka

Lamerik di sid

Afrikka

Iafrik

Aasia

Iazi

Australia

Iostrali

Atlantin valtameri

Iatlantik

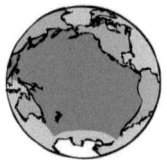

Tyynimeri

pasifik

Intian valtameri

Iosean indien

Eteläinen jäämeri

Iosean antartik

Pohjoinen jäämeri

Iosean artik

pohjoisnapa

Pol Nor

etelänapa

Pol Sid

Antarktis

lantartik

maa

later

maa

later

meri

lamer

saari

zil

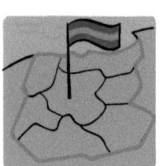

kansa

nasion

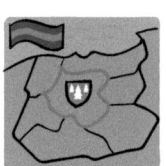

osavaltio

leta

kellotaulu

kadran

tuntiviisari

zegwi ler

minuuttiviisari

zegwi minit

sekuntiviisari

zegwi segonn

Paljonko kello on?

ki ler la ?

päivä

zour

aika

letan

nyt

aster-la

digitaalikello

mont dizital

minuutti

minit

tunti

ler

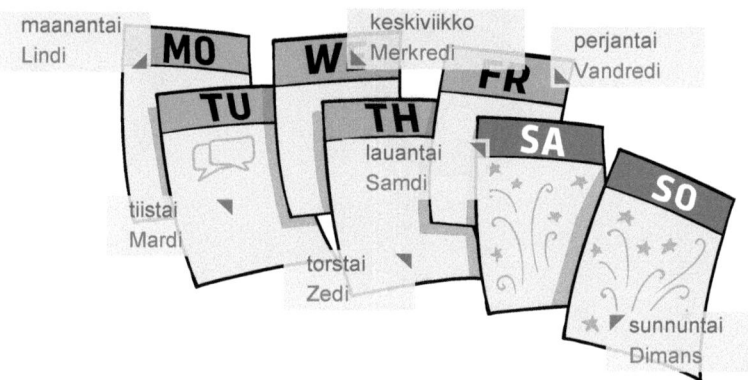

maanantai
Lindi

keskiviikko
Merkredi

perjantai
Vandredi

lauantai
Samdi

tiistai
Mardi

torstai
Zedi

sunnuntai
Dimans

eilen

yer

tänään

zordi

huomenna

demin

aamu

gramatin

keskipäivä

midi

ilta

aswar

MO	TU	WE	TH	FR	SA	SU
1	2	3	4	5	6	7
8	9	10	11	12	13	14
15	16	17	18	19	20	21
22	23	24	25	26	27	28
29	30	31	1	2	3	4

työpäivät

zour travay

MO	TU	WE	TH	FR	SA	SU
1	2	3	4	5	6	7
8	9	10	11	12	13	14
15	16	17	18	19	20	21
22	23	24	25	26	27	28
29	30	31	1	2	3	4

viikonloppu

wikenn

vuosi
lane

sade
lapli
sateenkaari
larkansiel
lumi
lanez
tuuli
divan[
kevät
printan
syksy
otonn
kesä
lete
talvi
liver

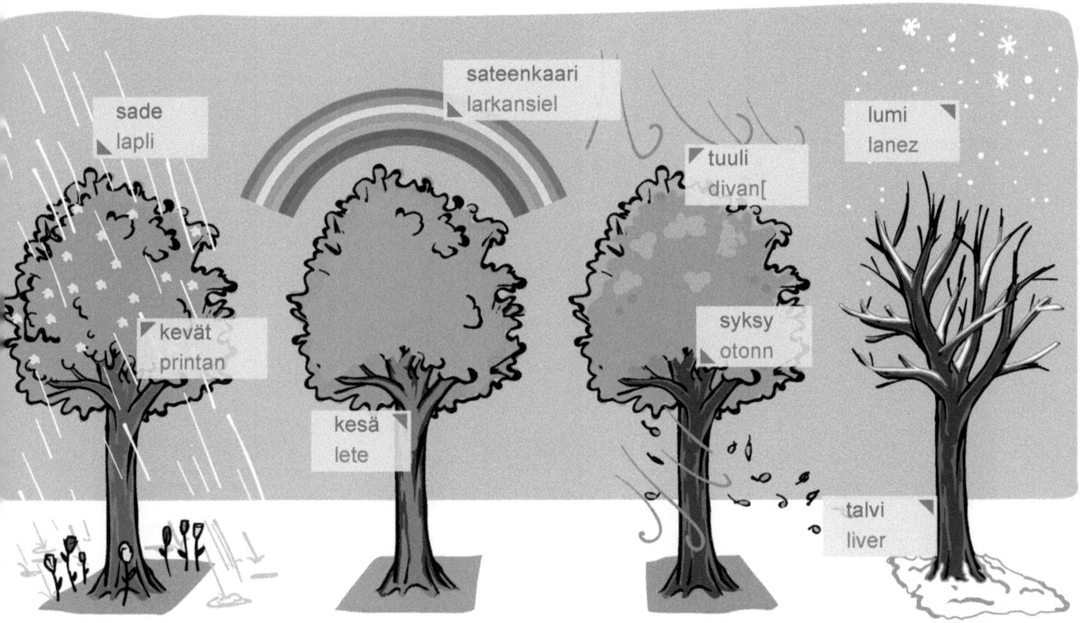

4.APRIL 11°
5.APRIL 4°
6.APRIL 13°
7.APRIL 8°
8.APRIL 10°

sääennuste

meteo

F C
120 40
90 30
60 20
30 10
0 0
-30 -10
-20

lämpömittari

termomet

auringonpaiste

lalimier soley

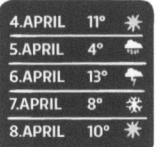

pilvi

niaz

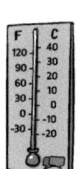

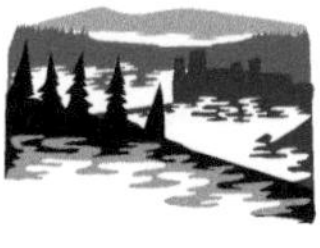

sumu

brouyar

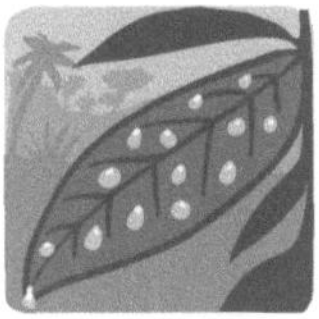

ilmankosteus

limidite

salama

lafoud

ukkonen

toner

myrsky

tanpet

rae

lagrel

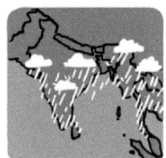

monsuuni

mouson

tulva

inondasion

jää

laglas

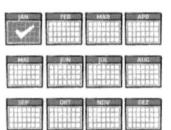

tammikuu

Zanvie

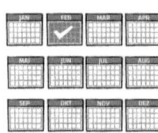

helmikuu

Fevriye

maaliskuu

Mars

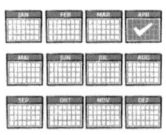

huhtikuu

Avril

toukokuu

Me

kesäkuu

Zien

heinäkuu

Zilie

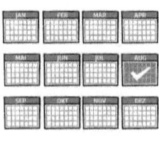

elokuu

Out

syyskuu

Septam

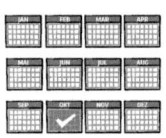

lokakuu

Oktob

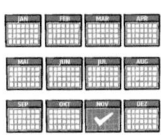

marraskuu

Novam

joulukuu

Desam

ympyrä

ron

neliö

kare

suorakulmio

rektang

kolmio

triang

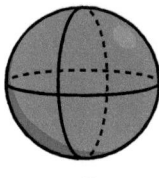

pallo

sfer

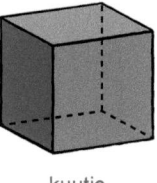

kuutio

kib

valkoinen

blan

keltainen

zonn

oranssi

oranz

vaaleanpunainen

roz

punainen

rouz

violetti

mov

sininen

ble

vihreä

ver

ruskea

maron

harmaa

gri

musta

nwar

paljon / vähän

boukou / enn tigit

vihainen / ystävällinen

ankoler / kalm

kaunis / ruma

zoli / vilin

alku / loppu

koumansman / lafin

suuri / pieni

gro / tipti

vaalea / tumma

kler / obskirite

veli / sisko

frer / ser

puhdas / likainen

prop / sal

täydellinen / epätäydellinen

konple / inkonple

päivä / yö

lizour / lanwit

kuollut / elävä

vivan / mor

leveä / kapea

larz / sere

syötävä / syömäkelvoton

komestib / inkomestib

paha / kiltti

move / bon

innostunut / tylsistynyt

exsite / agase

lihava / laiha

gra / mins

ensimmäinen / viimeinen

premie / dernie

ystävä / vihollinen

kamwad / lennmi

täysi / tyhjä

ranpli / vid

kova / pehmeä

dir / mou

painava / kevyt

lour / leze

nälkä / jano

fin / swaf

sairas / terve

malad / bien

laiton / laillinen

ilegal / legal

älykäs / tyhmä

intelizan / kouyon

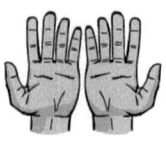

vasen / oikea

gos / drwat

lähellä / kaukana

pre / lwin

uusi / käytetty

nouvo / ize

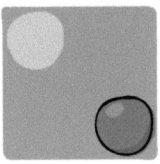

ei mitään / jotain

nanye / kiksoz

vanha / nuori

vie / zenn

päällä / pois päältä

demare / arete

auki / kiinni

ouver / ferme

hiljainen / äänekäs

trankil / for

rikas / köyhä

ris / pov

oikein / väärin

bon / move

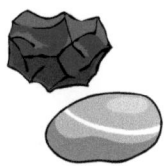

karhea / sileä

brit / lis

surullinen / iloinen

tris / zwaye

lyhyt / pitkä

kourt / long

hidas / nopea

lan / rapid

märkä / kuiva

tranpe / sek

lämmin / viileä

so / fre

sota / rauha

lager / lape

0

nolla

zero

1

yksi

enn

2

kaksi

de

3

kolme

trwa

4

neljä

kat

5

viisi

sink

6

kuusi

sis

7

seitsemän

set

8

kahdeksan

wit

9

yhdeksän

nef

10

kymmenen

distribiter biye

11

yksitoista

onz

12
kaksitoista

douz

13
kolmetoista

trez

14
neljätoista

katorz

15
viisitoista

kinz

16
kuusitoista

sez

17
seitsemäntoista

diset

18
kahdeksantoista

dizwit

19
yhdeksäntoista

diznef

20
kaksikymmentä

vin

100
sata

san

1.000
tuhat

mil

1.000.000
miljoona

milyon

englanti

Angle

amerikanenglanti

Angle Lamerik

mandariinikiina

Mandarin Sinwa

hindi

Hindi

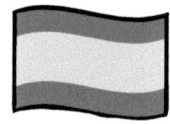

espanja

espagnol

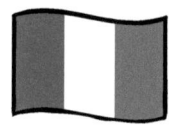

ranska

Franse

arabia

Arab

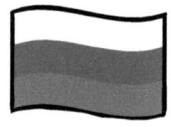

venäjä

Ris

portugali

Portige

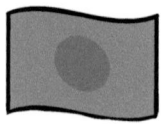

bengali

Bengali

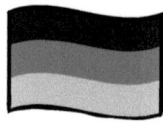

saksa

Alman

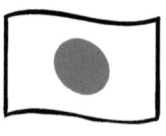

japani

Zapone

minä

mo

sinä

to

hän

li

me

nou

te

ou

he

zot

kuka?

kisana?

mitä / mikä?

kiete?

miten?

kouma?

missä?

kotsa?

milloin?

kan?

nimi

nom

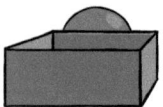

takana
·············
deryer

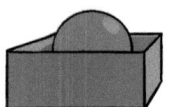

sisällä
·············
dan

edessä
·············
devan

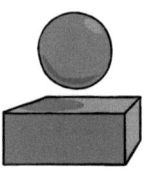

yläpuolella
·············
lor

päällä
·············
lor

alapuolella
·············
anba

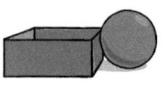

vieressä
·············
akote

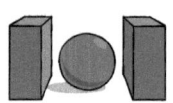

välissä
·············
ant

paikka
·············
plas